GURUYOGUI

EL DESPERTAR DE DIOS

Título: El despertar de Dios
. 2022
Eduardo Arce

ISBN: 9798848829914
guruyoguix@gmail.com

Eduardo Arce

GURUYOGUI

EL DESPERTAR DE DIOS

Guruyogui es un ser muy especial, ama a todos los seres vivos y comparte con nosotros todo lo que sabe, comprendiendo que estamos todos juntos en un camino evolutivo, en este increíble y eterno presente.

Esta es mi historia.

No pretendo que me creas, ya que solo es un juego, mi juego, el que he jugado por toda la eternidad y al que todos ustedes también juegan aquí en el presente junto a mí.

Al principio no era consciente de nada y con el tiempo me di cuenta de que soy Dios el todo poderoso. Pero vamos por partes. Todo tiene un comienzo pero yo no, siempre he existido y siempre existiré.

Antes de ser consciente de mí mismo, todo vibraba en el infinito espacio vacío y vibrante en el que me encontraba y en el que siempre me encontraré.

Las vibraciones a veces creaban formas y algunas sensaciones y otras veces colores.

¿Pero qué es todo eso?

Aún no podía explicarlo, ya que no había inventado las palabras y nada tenía nombre.

Todo eso se acumulaba en mí y sin darme cuenta, me fui expandiendo en un eterno infinito de luces, colores vibrantes y todo tipo de sensaciones.

Todo eso era Yo aunque aún no lo sabía.

El momento llegó y tomé consciencia de que todo eso estaba en mí.

Fue cuando al prestar atención podía sentir, observar, escuchar, oler, saborear aunque no tenía cuerpo aún. Y ya poseía muchos más sentidos que ustedes mis amados humanos que todavía no son capaces de comprender, pero a medida que despierten los obtendrán, por ejemplo ver el aura y la capacidad de amar incondicionalmente.

Todo lo que olía era parte de mí, infinidad de aromas y todos eran buenos. Me entretenía mucho oliendo cada aroma que desprenden las vibraciones de los colores.

Luego empecé a escuchar infinidad de sonidos, si me concentraba podía escuchar uno a la vez y se pueden mezclar y crear nuevos sonidos y así es como surgió la música que tanto amo.

¿De dónde viene todo eso?

Como soy Dios, la respuesta está en mí, ¡es obvio! vienen de mí, soy yo vibrando y mezclándome con todo lo que existe y eso crea sonidos que a su vez crean sensaciones.

Mientras más lo comprendía, más quería aprender de mí mismo. Al prestar atención, descubrí infinidad de sensaciones y todas eran buenas, así descubrí el placer y si lo combinaba creaba más placeres, más sonidos y más olores.

En ese momento, algo llamó mi atención, ¡puedo ver!. Estaba maravillado, podía verlo todo, y todo lo que se podía observar soy Yo.

En ese instante pude ver el pasado y así comprendí el origen de todo lo observable, ósea Yo. Ahora veo el presente y todo lo que existe y por fin puedo ver el futuro y en un gran estallido el "Big Bang", produjo una gigantesca explosión de posibilidades.

El pasado, presente y futuro son parte de mí.

Creando así todos los universos, galaxias y mí tan amado planeta tierra y la vida.

Vi como yo crearía la vida en el futuro, por lo tanto ya estaba todo creado en un instante mío, millones de años para ustedes mis amados seres.

Estaba tan feliz, todo era perfecto y todo eso soy Yo. Porque soy todo poderoso, estoy en todas partes y puedo ver mi pasado, mi presente y mi futuro.

En ese instante, me invadió algo desconocido, acababa de descubrir los sentimientos, entre ellos la tristeza, al comprender que había estado solo tanto tiempo, pero recordé que soy Dios y que jamás estaré solo, porque siempre estaré en cada uno de ustedes y así conocí la esperanza.

Ahora que ya conozco el pasado, presente y el futuro, es el momento de comenzar con la creación.

Regreso otra vez aquí al presente, ya que es el único lugar donde realmente existo y me pongo a meditar en todo lo que he descubierto.

Me he encontrado a mí mismo y sé quién Soy.

Seré el creador de mi propia historia.

La que compartiré con cada uno de ustedes.

Continúo meditando y en ese instante eterno, descubro una parte de mí que desconocía, el silencio, la quietud y la paz.

Es tan placentero estar en este estado, que me di cuenta de la existencia del cansancio y el estrés. Al meditar entraba en un estado de paz, que me traía otra vez a mi presente, el mismo presente que comparto con cada uno de ustedes.

Estando ahí tan quieto y rodeado de tanto silencio me vino una nueva sensación que me daba angustia y así descubrí el miedo.

El miedo a perderlo todo, a quedarme sin nada, sin ustedes, sin mi apreciada creación, que aún no había creado pero que ya conocía. ¿Qué es todo esto? Me pregunté.

¿Por qué ese miedo?

¿Acaso puedo perder algo?

Y como soy quien soy, ya se la respuesta, está claro que no, cómo voy a perder algo, si todo está en mí.

Me tomé un momento para desconectar de mis apegos y volver a entrar en meditación, quietud, silencio y paz.

Aunque aparentemente todo se había ido, eso no significa que ya no esté.

Todo siempre estará en mí, justo aquí en el presente.

¡He descubierto tantas cosas! me dije a mí mismo y descubriré muchas más.

Continué meditando.

Acabo de darme cuenta que llevo millones de años de ustedes en quietud meditativa, siendo solo un instante para mí. Como me aburría mucho, decidí que tenía que hacer algo, ¿pero qué? ¿por dónde empiezo?.

Puedo sentir, oler, escuchar, observar y muchas cosas más pero siento que me falta algo.

¡Claro!, exclamé.

Llevo tanto tiempo quieto, que me he olvidado de moverme.

En el futuro me movía libremente por todas partes y lo recuerdo, porque ese futuro ya se ha creado. Podía moverme con tanta facilidad con mi cuerpo, que comencé a crearme uno. Una forma física que me permitiera experimentar la vida, todas las emociones y sensaciones junto a todos mis sentidos. Probé millones de formas distintas y me gustaban, todas eran buenas y comprendí que la forma no importaba, ni el aspecto físico y mucho menos el color son importantes, lo que realmente importa es que todos esos avatares son parte de mí.

Hubo un avatar en especial que me gustó mucho y llamó mi atención, no porque sea mejor que los demás, sino porque le tenía cariño ya que en mis recuerdos del futuro lo usaba.

Ahora no les diré cuál es, eso tendrán que descubrirlo ustedes.

¡Bien! Ya tengo forma, mi cuerpo es una extensión de mí, mis sentidos, las emociones y todo lo que he descubierto y creado. Ahora puedo moverme con libertad, ¿pero por dónde empiezo?. Esta vez no usaré mis recuerdos del futuro, lo haré por mí mismo y crearé algo para poder divertirme, aunque ya sé qué es, porque lo he visto pero jugaré a que me he olvidado. Un momento, ¿divertirme?, ¡qué bien lo que acabo de descubrir!.

Claro, yo soy Dios y puedo divertirme en mi creación.

La diversión siempre ha estado en mí, pero ¿por qué la seriedad?. La seriedad no tiene sentido pero también la podemos expresar.

La diversión me hace muy feliz. Saber que la voy a disfrutar por toda la eternidad, me llena de alegría. Ahora crearé el lugar donde voy a pasar "mi tiempo" (relativamente) y así redescubriré el juego.

Crearé un juego:

El juego de la vida.

Si, el gran juego de la vida donde todos podamos jugar y lo mejor de todo, es que para crear el juego de la vida, debo crear algo, que sin eso es imposible que todo exista. Y así creé la ilusión, gracias a ella todo es posible y todo lo que vemos cobra vida.

La ilusión será el juego principal donde todos estaremos jugando al gran juego de la vida.

La ilusión es parte de mí.

Te lo explico, la ilusión es mi creación y es un juego muy divertido, en ella podrás experimentar la vida y descubrirás muchas cosas increíbles como la dualidad.

Vivirás grandes aventuras en todo tipo de escenarios y para eso voy a crear universos, galaxias y planetas, en uno de esos planetas estarán ustedes jugando conmigo al juego de la vida.

Este juego es muy grande y continúa expandiéndose, aunque no me había dado cuenta, lo estaba creando junto a ustedes, gracias a la ilusión que nos une en este eterno presente de juegos increíbles.

Ahora comienza el juego dentro de la ilusión, dentro de mí y de ustedes. Sé quién soy porque estoy dentro de mi juego, el gran juego de la vida que tanto amo y el que he creado con tanto amor para todos ustedes.

Hay un pedacito de mí en cada uno de los seres vivos que me acompañan, en esta increíble aventura llamada vida.

He despertado.

Al principio dormía y no sabía que todo soy Yo y con mi despertar sé que todo es parte de mí, vivo cada instante consciente dentro de mi juego en el presente, disfrutando de todo con amor incondicional.

¿Ya han descubierto cuál es mi forma?

Ahora el juego se pone más divertido, ya que debo perderme dentro de los laberintos de mi creación.

Pasan los años y mis aventuras continúan pero poco a poco me voy durmiendo otra vez, cayendo en el olvido de mí mismo. He vivido tantas cosas y todas son buenas, hasta la dualidad, el bien y el mal ya que me han permitido vivir tantas experiencias y aprender de cada una de ellas.

Ahora vuelvo a caer en un profundo sueño y todo se torna vibrante y calmado otra vez.

Nos vemos en el principio.

Háblales a todos de mí para, que todos juntos podamos jugar este maravilloso juego.

GURUYOGUI

www.ingramcontent.com/pod-product-compliance
Lightning Source LLC
LaVergne TN
LVHW020535160826
845677LV00015B/4069

* 9 7 9 8 8 4 8 8 2 9 9 1 4 *